BEI GRIN MACHT SICH IHR WISSEN BEZAHLT

- Wir veröffentlichen Ihre Hausarbeit,
  Bachelor- und Masterarbeit

- Ihr eigenes eBook und Buch -
  weltweit in allen wichtigen Shops

- Verdienen Sie an jedem Verkauf

Jetzt bei www.GRIN.com hochladen und kostenlos publizieren

Bibliografische Information der Deutschen Nationalbibliothek:

Die Deutsche Bibliothek verzeichnet diese Publikation in der Deutschen National-
bibliografie; detaillierte bibliografische Daten sind im Internet über http://dnb.d-
nb.de/ abrufbar.

Impressum:

Copyright © 2018 GRIN Verlag
Druck und Bindung: Books on Demand GmbH, Norderstedt Germany
ISBN: 9783668770560

Dieses Buch bei GRIN:

https://www.grin.com/document/436349

Kraft-Eike Wrede

Erinnerungen an Eberhard Beutner. (West-)Berliner Zeitzeuge bis 1987 und preußisches Original

GRIN Verlag

GRIN - Your knowledge has value

Der GRIN Verlag publiziert seit 1998 wissenschaftliche Arbeiten von Studenten, Hochschullehrern und anderen Akademikern als eBook und gedrucktes Buch. Die Verlagswebsite www.grin.com ist die ideale Plattform zur Veröffentlichung von Hausarbeiten, Abschlussarbeiten, wissenschaftlichen Aufsätzen, Dissertationen und Fachbüchern.

Besuchen Sie uns im Internet:

http://www.grin.com/

http://www.facebook.com/grincom

http://www.twitter.com/grin_com

Erinnerungen an Eberhard Beutner -

(West-)Berliner Zeitzeuge bis 1987 und preußisches Original

von

Kraft-Eike Wrede

Zeitgenossen alias „Zeugen der Zeit", also Zeitzeugen, sind heutzutage gefragte Leute, wenn es darum geht, Menschen anzutreffen, deren Lebenszeit voll ins 20. Jahrhundert fällt, die im 1. Jahrzehnt des vergangenen Jahrhunderts geboren wurden und deren Tod mit dem epochalen Ereignis des Zusammenbruches des sozialistischen Lagers *(der Sowjetunion und ihrer europäischen Satellitenstaaten einschließlich des ostdeutschen Teilstaates DDR)* verbunden ist.

Kurz: es geht um Menschen, die sich noch erinnern, wie es in der Monarchie des wilhelminischen Kaiserreiches war, die erzählen können, wie sie den Ersten Weltkrieg *(1914-1918)* miterlebten und an Hunger litten, wobei der Hungerwinter 1916 - jener legendäre „Steckrübenwinter" - für diese Generation eine besonders markante Erinnerung bedeutet. Sie können erzählen vom Zusammenbruch der Monarchie 1918, vom Neuanfang der Weimarer Republik danach, mussten die Erfahrung machen, dass ihre Eltern aufgrund des verlorenen Krieges und in Folge der Kriegsschulden und der im Versailler Friedensvertrag auferlegten Reparationsleistungen ihr gesamtes Vermögen durch die Inflation der früheren durch Gold gedeckten "Deutschen Reichsmark" verloren hatten und infolgedessen verarmt waren. Man erinnert sich an die Einführung der "Rentenmark" nach der Inflation 1923. Auch sie hieß "Deutsche Reichsmark". Wiederum auch sie wurde nach dem verlorenen Zweiten Weltkrieg *(1939-1945)* ein „Opfer der Inflation" und wurde am 20. Juni 1948 abgelöst durch die *(fast schon legendäre)* "Deutsche Mark", von der wir endgültig erst am 1. März 2002 zugunsten des Euro Abschied nahmen.

Scheinblüte der Weimarer Republik nach Abschaffung der Monarchie, um sozialen Ausgleich bemühte SPD-Regierungen in Preußen und im Deutschen Reich, aber auch Weltwirtschaftskrise 1928 und darauf folgend wirtschaftliche Rezession in Deutschland: Mehr als sechs Millionen Arbeitslose votierten mit dem „Mut der Verzweifelten" für die Nationalsozialisten, die für Adolf Hitler am 30. Januar 1933 in Berlin durchs Brandenburger Tor marschierten, nachdem der „böhmische Gefreite" vom greisen Reichspräsidenten Paul von Hindenburg *(der das böhmische Braunau mit dem oberösterreichischen, am Grenzfluss Inn gelegene Braunau verwechselte)* zum Reichskanzler ernannt worden war. Wieder Scheinblüte durch Arbeitsbeschaffungsmaßnahmen, wirtschaftlicher Aufschwung, Bau der legendären Reichsautobahnen, aber auch Aufrüstung nach den in Hitlers Buch „Mein Kampf" offen dargelegten politischen Plänen, für Deutschland „Raum im Osten" zu gewinnen. Wer politischen Verstand hatte, wußte damals schon, dass die Opfer nicht nur die als „minderrassig" angesehenen Slawen in Polen und in der Sowjetunion werden würden, sondern auch „die Juden", die nach Hitlers Meinung „an allem schuld" waren, dass es Deutschland so schlecht ging in der Zeit nach dem Versailler Friedensvertrag bis zur „Machtergreifung" und zum Antritt der „Regierung der nationalen Erhebung". Kriegsteilnehmer am nur 20 Jahre später vom Zaun gebrochenen Zweiten Weltkrieg waren 1939 dann auch die meisten der um 1910 geborenen deutschen Männer. Wenn sie Glück hatten, die Kriegskämpfe zu überleben und in Gefangenschaft der westalliierten Siegermächte gerieten, konnten sie nach relativ kurzer Kriegsgefangenschaft wieder nach Hause - das hieß oft in zerstörte Städte - zurückkehren. Diejenigen Soldaten, die 1945 in sowjetische Gefangenschaft gerieten, hatten ein ungleich schwierigeres Los zu beklagen. Sie konnten - vielleicht auch erst nach schwerer Zwangsarbeit in den sibirischen Gulags - erst nach Bundeskanzler Konrad Adenauers Moskau-Besuch 1955 - zehn Jahre nach Kriegsende! - den Weg über das Grenzdurchgangslager Friedland zurück „in die Heimat" finden.

Die Heimat war ein in Folge des Zweiten Weltkriegs geteiltes Deutschland: die "Bundesrepublik Deutschland" im Westen und die "Deutsche Demokratische Republik" im Osten *(beide Staaten gegründet 1949)*. Weitere Folge war ein wirtschaftlicher Zusammenbruch bei annähernd totaler Zerstörung der Städte bei zusätzlicher Demontage zahlreicher Produktionsbetriebe und Reparationsleistungen an die Siegermächte: das war die Ausgangslage nach dem 8. Mai 1945.

Deutschland wurde vom „Alliierten Kontrollrat" in Berlin von vier Besatzungsmächten regiert und war in vier Zonen aufgeteilt worden. Die Ostprovinzen waren *(Ostpreußen nordhälftig der Sowjetunion)* Polen zugesprochen, das eine "Westverschiebung" erfuhr, und die Oder-Neiße-Grenze war ein politisches Problem bis zur erfolgreichen Ostpolitik Willy Brandts 1970. Zweistaatlichkeit seit 1949 und zunehmende ideologische Trennung der beiden deutschen Staaten bis zur Zementierung der Teilung durch den Bau der Berliner Mauer am 13. August 1961 unter der Weltlage des Kalten Krieges bestimmten die deutsche Nachkriegspolitik, bis sich die Ostblock-Staaten den gefährlichen Rüstungswettlauf mit dem wirtschaftlich stärkeren Westen nicht mehr leisten konnten. „Solidarnoszcz" unter Lech Walesa in Polen und „Perestroika" unter Michail Gorbatschow in der Sowjetunion führten einen Wechsel der politischen Großwetterlage herbei; das Ausbluten der DDR durch die „Abstimmung mit den Füßen" zumindest bis zum Mauerbau 1961, danach gezielte „Freikäufe" einzelner Personen durch die Regierung der Bundesrepublik Deutschland, die Flucht ganzer Familien *via* Warschauer und Prager Botschaften der Bundesrepublik Deutschland und zuletzt durch den aufgeschnittenen Stacheldrahtzaun zwischen Ungarn *(toleriert vom damaligen ungarischen Ministerpräsidenten Gyula Horn)* und Österreich, aber auch die Friedensgebete in der Leipziger Nikolaikirche unter der umsichtigen Leitung des Pfarrers Christian Führer *(1943-2014)*, die friedlichen Umzüge der Bürgerrechtler in Leipzig, an deren Spitze man den international renommierten Gewandhaus-Dirigenten Kurt Masur sah, hatten letztlich den Zusammenbruch der DDR zur Folge, die schließlich am 9. November 1989 - ohne verhindernden Einsatz der Stasi - dem Druck der Bürger folgte und ihre Grenzen öffnete. Nach ersten freien, demokratischen Wahlen zur Volkskammer im März 1990 führte das alles - nach weniger als einem Jahr - am 3. Oktober 1990 zur „Wiedervereinigung Deutschlands in Frieden und Freiheit" - gemäß der Aufforderung zur nationalen Einheit in Frieden und Freiheit entsprechend der Präambel des Grundgesetzes der Bundesrepublik Deutschland.

Das waren - gleichsam im historischen Zeitraffer betrachtet - die Deutschland betreffenden wichtigsten geschichtlichen Ereignisse des 20. Jahrhunderts.

In diesen Zeitraum - schon etwas früher einsetzend - fällt auch die Geschichte der Familie des Baumeisters Hans Beutner und seiner Ehefrau Elisabeth, geborene Graeber, oder besser, weil für mich nachvollziehbarer: die Geschichte der nachfolgenden Generation, nämlich das Leben ihrer fünf Kinder Roland, Hans, Davida, Ingeburg *(genannt "Inge")* und Eberhard Beutner, von denen drei *(Davida, Inge und Eberhard)* lebenslang im elterlichen Haus wohnen blieben, bis sie nacheinander *(in der Reihenfolge Davida, Eberhard und Inge)* in den 80-er Jahren starben und ihre Gräber auf dem Grunewalder Friedhof in der Bornstedter Str. in Berlin-Halensee fanden.

Ohne das Erinnerungsprotokoll Kristina Behnkes aus dem „Gemeindeblatt der Gemeinde Grunewald" zu deren 100-jährigem Jubiläum 1989 hier paraphrasieren zu wollen, nenne ich ihren mit „In Treu und Glauben" betitelten Beitrag, in welchem sie die „Familie Beutner in der Humboldtstraße 32" vorstellte.[1]

In diesem Gemeindeblatt wurden „Erinnerungen an die Vergangenheit in Grunewald, Häuser und Leute, Straßen und Plätze" vorgestellt. Eberhard Beutner, der Gewährsmann und Informant Kristina Behnkes, konnte leider diese Erinnerungsschrift nach deren Erscheinen nicht mehr lesen - so, wie er auch den Fall der Berliner Mauer 1989 nicht mehr erleben durfte; im Mai 1987 war er, schon seit längerer Jahre an Altersschwäche laborierend, schließlich still in seiner Schlafkammer der von ihm bewohnten Souterrain-Wohnung des elterlichen Hauses Humboldtstraße 32 gestorben. Da der „Diplom-Architekt und Architekt", wie es auf seinem Grabstein auf dem Grunewalder Friedhof an der Bornstedter Straße zu lesen steht, allein, d.h.

---

[1] Kristina Behnke: „In Treu und Glauben", in: Gemeindeblatt der Gemeinde Grunewald, „Zum „100-jährigen Jubiläum der Gemeinde Grunewald 1889", Berlin 1989.

ohne Zeugen verstarb und erst einige Stunden nach Eintritt des Todes vorgefunden wurde, kam die Kriminalpolizei ins Spiel, die verpflichtet ist, ohne erkennbare Todesursache aufgefundene Leichen gerichtsmedizinisch untersuchen zu lassen. Daher ist auch Eberhard Beutners Todesdatum vage: das Doppeldatum 8/9. Mai 1987 steht daher auf dem Grabstein. Geboren wurde er am 15. Februar 1908 in Berlin.

Immer wieder in der Osterzeit erinnere ich mich an eine Kinderzeichnung, die der kleine Eberhard anfertigte und wohl als Ostergeschenk für seine Eltern bestimmt hatte. Er war als jüngstes von fünf Kindern der Familie des Baumeisters Hans Beutner das „Nesthäkchen". Diese Buntstiftzeichnung hat sich merkwürdiger Weise in dem von Eberhard Beutner gehüteten Nachlass der „Familie Beutner" erhalten, womit nie „seine eigene Familie", sondern immer nur die "Familie seiner Eltern Hans und Elisabeth Beutner" gemeint war. Das Bild zeigt in Frontalansicht fünf Kinder als Osterhasen verkleidet und - wie die Orgelpfeifen - ihrer Größe nach angeordnet - Eberhard als der Kleinste links. Mit einem deutlichen Abstand zu seinen älteren Geschwistern zeichnete er sie in der Größenordnung von links nach rechts: Schwester Inge, Bruder Hans, Schwester Davida und - als ältestes und größtes Kind - Bruder Roland. Das schon als Kind bei Eberhard Beutner ausgeprägte Bewusstsein für Nuancen, für - nur scheinbar - unbedeutende "Zwischentöne", sollte ihn sein ganzes Leben lang prägen, schien er doch mitunter in Bezug auf sein Rechts- und Gerechtigkeitsgefühl der Kleist'schen Figur des Michael Kohlhaas nahe verwandt zu sein. So war er von Natur aus misstrauisch gegen jedes falsche Gefühl *(„Ham S'es nich ne Numma kleener?")*, gegen großmannssüchtige Anmaßung und dümmlichen Schwulst, liebte dagegen die Ironie eines Tucholsky und Fontane. Überhaupt das "Preußische"; er liebte das „Mehr sein als scheinen": eine dem britischen *understatement* ähnliche Form, wie wir uns heute angewöhnt haben, eine solche Lebensart zu bezeichnen. Aus gutem bürgerlichem Hause stammend, später mit einer auskömmlichen Rente als bauleitender Architekt versehen, sah er eigentlich - beinahe - wie ein „Clochard" aus, benahm sich aber wie ein „Herr": eine Spezies Mensch, die heute *(fast)* ausgestorben zu sein scheint. Doch wo anfangen mit meiner persönlichen Bekanntschaft mit Eberhard Beutner, wo ich jetzt merke, dass ich eigentlich „schon längst mitten drin" bin im Erzählen?

Versuchen wir es chronologisch. 1969: Ich war im 4. Semester Student der Theaterwissenschaft, der Germanistik und der Kunstgeschichte an der Freien Universität Berlin, als ich durch einen befreundeten Kommilitonen, den Theaterwissenschaftler Claus Wilbrandt, in das Haus Humboldtstraße 32 eingeführt wurde. Mein damaliger Kommilitone Wilbrandt hatte sich entschieden, nach einer Regieassistenz in Lübeck die Fortsetzung seines Studiums in Berlin aufzugeben und weiterhin dem eingeschlagenen Weg in die Theaterpraxis zu folgen. Dadurch konnte er mir seine „Bude" anbieten, die ich als Untermieter des Herrn Beutner übernehmen sollte. Ich wohnte damals in der Kreuzberger Prinzenstraße 10 in einem zur "Sanierung", sprich zum Abriss bestimmten Hause. Wie froh war ich, als ich von der Haltestelle Lynarstraße des „10-er" Busses, wie die Linie damals beziffert war, von der Grunewalder Hubertusallee kommend, diese nach links überquerend der Lynarstraße kurz folgend, in die stille Humboldtstraße einbog, bei Herrn Beutner klingelte und mich als am Zimmer interessierter - und eventueller - Nachmieter Claus Wilbrandts vorstellte. Es traf sich *(für mich)* gut, dass Herr Beutner einem unliebsamen Untermieter, der das ehemalige Atelier seiner Mutter im Dach-Erker des Hauses bewohnte, kündigen wollte. Dieser Untermieter war - seiner Darstellung folgend - ein als „liederlich" geltender Fleischergeselle, der „nicht sehr sauber" war, obwohl Herr Beutner in diesem Punkte selbst nicht gerade ein Vorbild war. Im Gegenteil: er trachtete danach, die sisyphoshaften Versuche seiner beiden Schwestern Davida und Inge, in Haus und Garten Ordnung zu schaffen und diese aufrecht zu erhalten, geradezu zu stören. Er hatte *partout* etwas gegen die geschäftige und „ehrpusselige" Haltung seiner Schwestern, die der jüngere Bruder als „etepetete" zu bezeichnen pflegte.

Mir war bei der Schilderung dieser Situation durch Herrn Beutner „etwas unbehaglich" zumute, denn ich mochte nicht, dass jemand wegen mir seine Bleibe verlieren sollte. Da aber Herr Beutner mich als künftigen Mieter vorzog, ließ ich mich auf sein Angebot ein, anstelle des ursprünglich in Betracht kommenden Wilbrandt'schen „Erkerzimmers" das „Atelier" zu mieten, wenn auch nach der gesetzlichen Kündigungszeit von drei Monaten zugunsten des Metzgers!

Am 1. Mai 1970 war es dann soweit. Mit Hilfe meines Kommilitonen Horst Dieter Klock und dessen fahrbarem Untersatz - es war jener 5-türige, unverwüstliche französische Mehrzweckwagen der Marke „Renault" - wurde meine spärliche Habe - Möbel hatte ich nicht, da ich in der Prinzenstraße 10 „ein möblierter Herr" war - in zwei bis drei Fuhren von Kreuzberg in den Grunewald transportiert. Ich werde es nie vergessen: An meinem Umzugstag schneite es aufs Heftigste, und das den ganzen Tag lang! Es war eben wieder eines jener Jahre, in denen es nicht Frühling werden wollte, der aber dann, wenn er denn kommt - gerade in Berlin, zumal wenn man in einen Garten hinaustreten kann - einfach zauberhaft ist! Also zog ich ein in das Atelier. Aus dem Anlass des Umzugs - natürlich auch, um mir helfend beiseite zu stehen - hielt sich auch meine Mutter in Berlin auf; sie hatte sogar ein Gästebett bei der jüngeren Schwester Inge Contag in deren Wohnung im 2. Stock angeboten erhalten. Ich erinnere mich noch des *(entsetzen)* Gesichtsausdrucks meiner Mutter, als sie zum ersten Male Herrn Beutners ansichtig wurde. Er erschien als nach dem Rechten schauender Hausherr im Atelier und war nur flüchtig bekleidet mit einer Pyjama-Hose, deren Hosenschlitz offenstand. Oben herum war er mit einem ausgeleierten Sweatshirt und einem Jackett bekleidet. Er entsprach also durchaus dem erwähnten Eindruck eines „Clochards". Natürlich bemerkte er den argwöhnischen Blick meiner Mutter und entschuldigte sich angelegentlich bei der „Generalin" *(wie er sie später zu nennen pflegte)*, weil er sich vor ihrem kritischen Blick „irgendwie ertappt" fühlte. Er hatte sowieso stets einen Sinn für das soldatisch Korrekte, das vor allem dann deutlich hervortrat, wenn er einer natürlichen Autorität gegenüberstand. Menschen dieser Art pflegte er nicht nur zu akzeptieren, sondern auch zu respektieren. Daher sah er in meinem Vater stets den „Obristen" *(der er rangmäßig - obwohl ehemaliger Offizier - gar nicht war).* Interessant ist auch die „Rangordnung", die Herr Beutner meinen Eltern beimaß. Er stufte meine Mutter höher ein als meinen Vater, womit er psychologisch sicherlich nicht ganz Unrecht hatte *(denn meine Mutter war resoluter und lebenspraktischer als mein Vater, der - leicht timide - zu zögerlicher Unsicherheit oder unsicherer Zögerlichkeit neigte).*

Das Atelier-Zimmer der kleinen Dachwohnung erinnerte mich eher an ein hohes Zelt als an ein gewöhnliches Zimmer. Es hatte ein großes Dachfenster mit Ausrichtung nach Norden, bot also malerfreundliches „Nordlicht", d.h. ich konnte jeden Abend das beleuchtete Berliner Wahrzeichen des Westens sehen, den Funkturm auf dem Charlottenburger Messegelände. Der straßenseitige Balkon der Wohnung im 3. Stock wurde durch den Atelier-Erker überkragt, d.h. im Zimmer befand sich eine Raumstufe, die ich als einen Schlaf-Alkoven nutzte, der über eine - in ein Bücherregal integrierte - „Hühnerleiter" erreichbar war. Das hatte den praktischen Vorteil: Ich konnte tagsüber mein Bettzeug einfach auf dem Hochbett liegen lassen, ohne dass dies von unten durch Besucher hätte wahrgenommen werden können. Es war also äußerst „ökonomisch", was den Verzicht auf das tägliche Aufräumen durch Bettenmachen betraf, und bequem war es obendrein.

Unmittelbar unter diesem Schlafalkoven befand sich ein rundes Fenster, das sich auch - eben erst später - öffnen ließ, nachdem Herr Beutner mehrere Anläufe unternommen hatte, um das Scharnier und den Schließgriff dieses Fensters zu reparieren. Endlich gelang es ihm! Manches Mal habe ich im Sommer tagträumerisch auf dem Teppichboden liegend bei geöffnetem Fenster auf die vor dem Haus stehende Kiefer geblickt und mich am Duft ihres gerade bei sommerlicher Wärme ausströmenden Harzgeruchs erfreut. Dieser Geruch erinnerte mich stets an den von mir und Herrn Beutner gleichermaßen geliebten griechischen Wein, jenen „Retsina", der seinen charakteristischen Geschmack durch hinzugefügtes Baumharz gewinnt, eine Weinspezialität, die mir seit meinem ersten Besuch 1962 in Griechenland - damals als 19-jähriger Gymnasiast - sehr lieb geworden ist; Herrn Beutners Bekanntschaft mit diesem speziellen griechischen Wein dagegen geht zurück auf die Zeit der Besetzung Griechenlands im Zweiten Weltkrieg durch die deutsche Wehrmacht und seiner Anwesenheit dort 1943 als Soldat. Der Retsina selbst ist gewöhnungsbedüftig; man mag ihn - oder nicht. Böse Zungen behaupten gar, er schmecke wie ein „gehäckselter Weihnachtsbaum".

Ich wohnte zwanzig Jahre lang *(1970-1990)* im Hause Humboldtstraße 32, wenn auch mit gewissen zeitlichen Unterbrechungen, die sich wegen mehrerer Theaterengagements in „Westdeutschland" ergaben, wie man die damalige Bundesrepublik Deutschland aus West-Berliner Sicht zu nennen pflegte. Trotz meiner berufsbedingten Abwesenheiten von Berlin, zunächst ab 1974 in Hannover, später 1975 in Braunschweig, danach 1978 in Mainz und noch später 1984 in Osnabrück, behielt ich mein Berliner Atelier als „mein Refugium" in dieser Stadt. So hatte ich stets mehr als nur „einen Koffer" in Berlin, den die beiden großen Berliner Diseusen und Weltstars Marlene Dietrich und Hildegard Knef sicherlich *auch* besaßen und daher nostalgiebewusst besangen. Ich blieb Untermieter bis zum Tode von Herrn Beutner 1987, Miteigentümer dagegen bis 1990. In diesem Jahr kam ich nach dem Ende der Spielzeit 1989/90 und nach der Beendigung meines Theater-Engagements in Osnabrück im Juli 1990 zurück nach Berlin, um mich hier in dieser Stadt beruflich neu zu orientieren, war aber auch „provinzmüde" und heilfroh, endlich wieder in Berlin sein zu dürfen. Dies ermöglichen zu helfen, war „die letzte Tat" Eberhard Beutners. In seinem Testament hatte der kinderlos gebliebene, geschiedene Mann, der zu seinen ebenfalls alt gewordenen Geschwistern und deren Nachkommen nicht das beste Verhältnis hatte, mich zu seinem Alleinerben bestimmt. Das bedeutete für mich, dass ich zum Eigentümer eines Drittels des Grundstücks Humboldtstraße 32 und des auf ihm stehenden Hauses geworden war! Obwohl die Rechtslage klar war, hatte ich gegen die Anfechtungen der leer ausgegangenen Verwandten der Familie Beutner in der 2. Generation zu kämpfen. Mir wurde ein Rechtsstreit aufgezwungen, der mich 3 1/2 Jahre lang aufs Unangenehmste beschäftigte. Zum guten Schluss jedoch obsiegte ich, auch wenn ich um einige Zig-tausend Mark „ärmer" geworden war, um 3 Rechtsanwälte zu bezahlen: den Testamentsvollstrecker und meinen eigenen Anwalt, den ich gegen den ersteren einsetzten musste, sowie einen weiteren Anwalt, der mir über die Klippen einer testamentarischen Klausel helfen musste; hiervon später mehr. 1990 war ich soweit: Ich konnte das Erbe antreten, indem ich es sogleich versteigern ließ. Das erfahrene Berliner Immobilien-Versteigerungshaus Hans Plettner brachte mein Drittel bestmöglich unter den Hammer, so dass ich mir aus dem Erlös eine Eigentumswohnung im Grunewald benachbarten Ortsteil Schmargendorf - in der Ilmenauer Str. 3 - kaufen konnte. Doch die Testamentsklausel ist erwähnenswert, weil sie wiederum voll dem Charakter meines Hauswirtes und Erblassers entsprach: Er versuchte, ehestiftend zu wirken und beschloss, dass ein Nacherbe eingesetzt werde für den Fall, dass ich selbst kinderlos, d.h. ohne leiblichen Erben bleiben sollte. Das bedeutete in der Praxis: Ich hatte nur das Nutzungsrecht und nicht das uneingeschränkte Verfügungsrecht. Also was tun? Mir fiel ein, dass ich dem als Nacherben eingesetzten Spandauer Evangelischen Johannesstift dieses Nacherbe vielleicht abkaufen könnte. Gesagt - getan: Mit Hilfe jenes oben unter der Nummer 3 erwähnten Anwalts gelang es mir, dem Stift gegen Zahlung von DM 100.000,-- das Nacherbe-Recht abzukaufen. Danach war endgültig der Weg frei für den Kauf meiner Eigentumswohnung! Das geschah in der 2. Jahreshälfte 1990, und im November 1990 wurde der Kauf notariell beglaubigt, und am 31. Januar 1991 stand der Möbelwagen vor der Tür meiner Osnabrücker Wohnung, Schledehauser Weg 75, und brachte meinen Hausrat nach Berlin-Schmargendorf. Da es ein sehr frostiger Winter war, erfroren in der Eiseskälte auf dem Möbelwagen meine Pflanzen, die ich nach Ankunft in Berlin zersägen und entsorgen musste.

Mir fällt eine andere Begebenheit ein, und jetzt komme ich zur Darstellung einer Episode, aus der eine Filmidee wurde. Deren Entwicklungsgang zeichne ich nachfolgend auf. Zuweilen ist es interessant zu erfahren, woher die Grundidee zu dem später realisierten Film "Herz aus Stein" - eigentlich - stammt.

Auf dem Trockenboden das Hauses befand sich - sehr verstaubt - eine Gipsfigur, deren Kopf vom Rumpf getrennt war und irgendwo daneben lag. Dieser Kopf war - für mich erkennbar - eine Porträtplastik des Alten Fritz! Ich nahm mich des vergessenen Stückes an und montierte den Kopf auf den dünnen Flaschenhals eines riesigen grünen Glasballons, in dem man früher Obstsäfte zur Gärung anzusetzen pflegte, aus denen dann wunderbarerweise Obstwein entstand. Ich hatte keine Ahnung, was es mit diesem einzelnen Kopf und der massigen, kopflosen Gipsfigur auf sich hatte, bis eines Tages Herr Beutner von der Gipsformerei der „Königlichen Porzellan-Manufaktur" *(KPM)* zurückkam und mich um die Rückgabe des Gipskopfes bat. Er habe dort die Restaurierung des Gips-Bozzettos in Auftrag gegeben. So erfuhr ich dessen Geschichte: Es handelte sich um ein halb-lebensgroßes plastisches Gips-Modell zu einer Marmorplastik „Der Philosoph von Sanssouci in seinen letzten Tagen" des Berliner Bildhauers Harro Magnussen. Der 70 cm hohe und 75 cm breite Bozzetto entstand vor 1892 und befindet sich *(später von mir - „Aus dem Nachlass des Baumeisters Hans Beutner" - gestiftet)* seit 1989 in der Skulpturengalerie der Staatlichen Museen Preußischer Kulturbesitz *(SMPK)*. Aber so weit sind wir noch nicht. Der Bildhauer Harro Magnussen *(geboren 1861 in Hamburg - gestorben 1908 in Berlin)* kam 1887 nach Berlin und war Schüler von Reinhold Begas. Hauptsächlich als Porträtplastiker bekannt, war Harro Magnussen mit seinen Werken ab 1888 auf den Berliner Ausstellungen der Kunstakademie und ab 1893 auf der „Großen Berliner Kunstausstellung" vertreten. Großen Erfolg hatte Magnussen mit der Gruppe „Der Philosoph von Sanssouci in seinen letzten Tagen" *(vulgo „Der alte Fritz in seinem Sterbestuhl")*. Der Bozzetto kam auf diskrete Weise in den Besitz der Familie des Baumeisters Hans Beutner *(also des Vaters von*

Eberhard Beutner): Die Magnussens waren Grunewalder Nachbarn, und als solche verkehrte man gesellschaftlich miteinander, man hielt zusammen und unterstützte sich in gegenseitiger Nachbarschaftshilfe - auch, wenn „Not am Manne" war. Die Magnussens wohnten in einer heute nicht mehr existierenden Villa auf dem Eckgrundstück Delbrückstraße/Richard-Strauss-Straße. Im Kriege zerbombt, war das Grundstück jahrzehntelang eine Wildwuchs-Brache, bis es im Zeitraum 2001/2002 wieder bebaut wurde. In den Berliner und Wilmersdorfer Zeitungen stand unter den Daten der 1. Novemberwoche 1908 zu lesen, dass sich Harro Magnussen das Leben genommen habe. Gründe wurden nicht genannt; hierüber gibt es inzwischen eine Spezialliteratur, auf die hier nicht weiter einzugehen ist. Man war damals diskret und achtete die Privatsphäre von Prominenten! Selbst Herr Beutner kannte nicht den wahren Grund des Selbstmordes. Wie er mir jedoch zu erzählen wußte, habe sein Vater der darbenden Familie, deren Lebensstandard in der noblen Villenkolonie Grunewald nicht der Einkommenslage ihres Familienoberhauptes entsprach, finanziell geholfen, indem man eben jenen Bozzetto erworben habe. Jahrzehntelang staubte das Gipsmodell auf dem Trockenboden des Hauses vor sich hin, bis es - aufwändig restauriert durch Herrn Beutners Bemühung - Anfang der 80-er Jahre „wie neu" aus der Werkstatt der KPM in die Humboldtstraße 32 zurückkehrte. Im Wohnzimmer Herrn Beutners fand die Figur, deren marmorne Bemalung an das Original der 1945 verschollenen lebensgroßen Plastik erinnerte, ihren Ehrenplatz. Noch etwas zur kunsthistorischen Bedeutung der Plastik selbst: Harro Magnussen gelang eine eindrucksvolle Darstellung des sterbenden Friedrich des Großen. 1892 wurde diese Arbeit mit einer Goldenen Medaille ausgezeichnet; 1898 konnte im Auftrag Kaiser Wilhelms II. eine Marmorfassung für das Sterbezimmer des Preußenkönigs im Potsdamer Schloss Sanssouci ausgeführt werden, die nach 1919 in öffentlichen Besitz übergegangen und im „Hohenzollern-Museum Schloss Monbijou" ausgestellt war *(vgl. Kat. „Ethos und Pathos - die Berliner Bildhauerschule 1786-1914", Skulpturengalerie, Staatliche Museen Preußischer Kulturbesitz, Berlin 1990, Kat.-Nr. 153, S. 183-185).* Der Gips-Bozzetto war in der Ausstellung „Ethos und Pathos" in der Zeit vom 19. Mai bis zum 29. Juli 1990 im ehemaligen Hamburger Bahnhof zu sehen.

Bereits 1981 - zum 280. Gedenkjahr der Gründung des Königreiches Preußen 1701 - war der Gips-Bozzetto des Alten Fritz schon in der Ausstellung „Preußen - Versuch einer Bilanz" in der Zeit vom 15. August bis zum 15. November 1981 im Martin-Gropius-Bau zu sehen, wobei es der Stolz des „alt gewordenen Kindes" war - Herr Beutner war nun schon 73 Jahre alt -, die Familiengeschichte mit der Geschichte Preußens verflochten zu wissen, denn er konnte stolz im Leihgeberverzeichnis des Kataloges der „Preußen-Ausstellung" als Nachweis für die Herkunft der Plastik von Harro Magnussen lesen: „Aus dem Nachlass des Baumeisters Hans Beutner".

Über den Verbleib der Originalskulptur, zuletzt im Berliner "Schloss Monbijou" nachgewiesen, fehlt bis heute jede Spur. Er ist anzunehmen, dass die Marmorplastik als "Beutegut" den Soldaten der "Roten Armee" in die Hände gefallen ist, die als erste Steitmacht der Alliierten Ende April 1945 Berlin erobert und besetzt hatte. Vermutlich ist dieses Kunstwerk als "Trophäe" in die Sowjetunion abtransportiert worden.

Die Verbindungen der grundsoliden, bürgerlich geprägten Familie Beutner zu der Künstlerfamilie Magnussen müssen ebenso lang wie innig gewesen sein, denn es fand sich in einer vergessenen Zeichnungsmappe der älteren Schwester und ehemaligen Zeichenlehrerin Davida Lösener eine Bleistiftzeichnung ihrer Mutter Elisabeth Beutner, geborene Graeber. Die gebürtige Bremerin hatte eine künstlerische Ausbildung absolviert und war „um einige Ecken herum" mit der Familie des Berliner impressionistischen Malers Max Liebermann verwandt. Ihr Talent zum Zeichnen würdigend, hatte ihr Ehemann, der Baumeister Hans Beutner, beim Bau des Familienhauses in der - damals in der Gründungsphase der Villenkolonie Grunwald noch nach dem englischen Gärtner Booth benannten - späteren Humboldtstraße liebevoll darauf geachtet, dass seine Ehefrau aus Bremen, die neben hanseatischem Geist auch künstlerisches Blut in ihren Adern hatte, ein zunftgerechtes Atelier bekam. Als ich später - mit Billigung Davida Löseners - die Zeichnung ihrer Mutter in den frühen 70-er Jahren *quasi* am

14

Ort ihrer Entstehung - also bei mir im Atelier - aufhängen durfte, rechnete ich zurück: Die Zeichnung ist mit „Nov. 94" datiert; das Haus stand also schon seit zwei Jahren und war damit eines der ersten - mithin heute eines der ältesten - Wohnhäuser, die in der von Bismarck geförderten „Villencolonie Grunewald" errichtet wurden. Mir selbst kam damals die Hochrechnung der Jahre bis 1994 - also bin zum 100. Jubiläum dieses graphischen Blattes - merkwürdigerweise sehr lang vor: Ungefähr 20 Jahre lägen noch vor mir, bis ich „das Hundertjährige" des Blattes feiern könnte; heute haben wir 2018 – vierundzwanzig Jahre danach...

Der Leser wird sich vielleicht schon ungeduldig fragen, *wer* auf der Zeichnung abgebildet ist: Es handelt sich um ein Porträt des - mit 31 Jahren immer noch jugendlich wirkenden - Bildhauers Harro Magnussen. Leicht melancholisch mit leicht nach rechts unten gerichtetem Blick schaut ein noch junger Mann mit aristokratischem Oberlippenbart *(„Menjou-Bärtchen")* mediterranen Künstler-Typus' mit längerem, naturgewelltem Haar aus dem Rahmen hinaus, wobei der in Kohlezeichnung Dargestellte in seinem eleganten Ausdruck äußerst lebendig, ja nachgerade als zeitlos-moderner Mensch anmutet.

Kommen wir noch einmal zurück auf den Gips-Bozzetto „Der alte Fritz in seinem Sterbestuhl". Der vom Rumpf getrennte Kopf hat natürlich die Phantasie mancher „künstlerisch beflissener" Menschen angeregt; auch das ist ein wörtlich zitierter Begriff aus Herrn Beutners Wortschatz!

So erging es dann wohl auch dem griechischen Filmregisseur Nicos Ligouris und dem Berliner Drehbuchautor Claus Wilbrandt. Richtig: Letzterer war mein Mietvorgänger, durch den ich 1970 in das Haus Humboldtstraße 32 eingeführt worden war. Beide Künstler sahen natürlich zunächst Parallelen zum Schicksal jenes unglücklichen Propheten Johannes des Täufers, der dem perversen Liebesanspruch der judäischen Prinzessin Salome fatalerweise zum Opfer fiel, die „Liebe" mit „Besitz" gleichsetzte. Auch gab es zwischen dem Haupt des Alten Fritz und der Physiognomie unseres gemeinsamen Hauswirtes „geheimnisvolle Ähnlichkeiten", und Herr

Beutner selbst kokettierte durchaus mit dem Gedanken, dass er - durch Selbst-Identifikation mit dem großen, ebenso sparsamen wie spröden Preußenkönig – gewisse Ähnlichkeiten, „Wahlverwandtschaften" halt, mit diesem zu erkennen glaubte. So war Herr Beutner konsequent in der Behandlung seiner Ehefrau: Noch im Kriege hatte er sie geheiratet, aber die kriegsbedingte Trennung tat der jungen Ehe nicht gut; Frau Beutner war nicht das, was man in gutbürgerlichen Grunewalder Kreisen unter einer „treuen Ehefrau" verstand. Auf Grund ihrer dann auch von ihr selbst zugegebenen Untreue ließ sich Eberhard Beutner unmittelbar nach Kriegsende 1945 scheiden. Einer anderen Frau mochte sich Eberhard Beutner nicht mehr zuwenden; er vermochte keiner anderen Frau mehr zu trauen; zu groß war seine Enttäuschung, zu groß die Verletzung seines Ehr- und Selbstwertgefühls, was auch wieder als eine Reminiszenz an altpreußisches Denken à la Kleist und natürlich an den „Alten Fritz" zu verstehen ist. So hatte er gleichermaßen große Sympathie sowohl für den König, als auch für dessen nie geliebte Frau Elisabeth Christine, die der König - „jwd" (=*janz weit draußen*) - in Niederschönhausen jenes Schloss bewohnen ließ, in welchem die aus dem Welfen-Herzogtum Braunschweig-Wolfenbüttel stammende preußische Königin ihren Mann als anerkannt-tüchtige Guts- und Schlossherrin um viele Jahre überleben sollte.

Aber zurück zur Inspiration, die vom Kopfe des Königs auf die beiden Filmleute ausging: Als Idee zu einem Film stellten sie zunächst eine enigmatische Idealverbindung zwischen dem Preußenkönig und unserem Hauswirt her, dessen „Geheimnis" sie mit filmischen Mitteln, d.h. mit den Möglichkeiten der Phantasie und Imagination auf die Spur zu kommen suchten. Vergangenes und Gegenwärtiges, Phantasie und Realität treffen in Künstlerseelen zusammen und lösen Metamorphosen aus: künstlerische Verwandlungen, bei denen aus mindestens zwei unterschiedlichen, auch banalen Dingen - durch künstlerischen Blick vereint - ein neues Drittes entsteht: ein Kunstwerk, das sich niemals zur Gänze ausschöpfen lässt, das sich einer nur eindeutigen Definition eher entzieht, sondern auf vielschichtige Weise mancherlei Assoziationen zulässt. So entstand in mehreren Jahren, nach mehreren Anläufen und Umarbeitungen, damit unter Berücksichtigung unterschiedlichster Auflagen möglichst viele Film-Fördermittel ausgenutzt werden konnten, der Film "Herz aus Stein" von Nicos Ligouris. Im Dezember 1994 wurde der Spielfilm des in Berlin lebenden griechischen Regisseurs erstmals in einem Weddinger Kino gezeigt. Der Film war zuvor bereits im Oktober 1994 bei den "20. Hofer Filmtagen" aufgeführt worden. Auf der "45. Berlinale" im Februar 1995 gelangte "Herz aus Stein" dann - parallel zum Wettbewerb - wieder zur Aufführung und wurde inzwischen auch in anderen Kinos und später im ZDF gezeigt. Das Drehbuch schrieben Claus Wilbrandt und Nicos Ligouris gemeinsam. In sorgfältig ausgesuchter Besetzung spielen: Matthieu Carrière *(Sohn)*, Helga Göring *(Mutter)*, Dorota Zienska *(Krankenschwester)* und Marcus Fleischer *(Junge)*. Gedreht wurde der abendfüllende Spielfilm in Farbe im Sommer 1994 an Schauplätzen in Berlin und in Potsdam-Babelsberg.

Worum geht es? Wolfgang, ein Halbwüchsiger auf Trebe, klaut einem Penner den Kopf einer Statue und den Zeitungsausriss einer Annonce: Die Ablieferung des Kopfes ist dem Eigentümer 5000 Mark Finderlohn wert. Die kopflose Statue steht im Garten einer Villa, in der die apoplektische Mutter eines Theaterdirektors von einer polnischen Krankenschwester gepflegt wird. Vom Finderlohn animiert,

dringt der Junge in den nächtlichen Garten ein, wo er vom Sohn der Mutter im Gartenteich überrascht wird, in welchem er zuvor den Kopf der Statue unter Wasser verstecken konnte. Der *in flagranti* ertappte Junge wird aber trotzdem zum Übernachten eingeladen. Wolfgang verbringt den Sommer im Gartenhaus, hält aber den Kopf weiterhin im Gartenteich versteckt. Es scheint, als wolle er die ausgesetzte Belohnung ausschlagen. Um seine Ruhe zu haben vor der im Rollstuhl trübe vor sich hindämmernden Kranken *(deren Hand stets ein Apfel entgleitet, den der Junge dann wieder aufzuheben hat)*, befestigt er *(in Abwesenheit der wohnungssuchenden Pflegerin)* den Kopf auf der Statue, um dann völlig fassungslos festzustellen, dass über das stets regungslose Gesicht der Frau plötzlich ein Lächeln huscht, als sie die Statue mit aufgesetztem Kopf "wieder heil" sieht. Hier erzielt Nicos Ligouris seine stärkste emotionale Wirkung aus der Kraft des Bildes und des Geheimnisses um die Person der Mutter. Man sieht einprägsam-erzählende Bilder, von Ligouris erfunden und die von seinem Kameramann Patrick Lindenmaier in Berliner Großstadt-Hektik und Vorort-Gartenfrieden umgesetzt worden sind. Ein "schöner", weil ehrlicher Film - zugleich mit einem buchstäblich "knallharten" Ende, wenn man an die Reaktion des auf den jungen Treber eifersüchtigen Sohnes in der Schluss-Szene denkt: Der Sohn schlägt Wolfgang heftig ins Gesicht und verweist ihn des Hauses, obwohl er ihm eigentlich dankbar sein sollte, weil Wolfgang es war, der sich - eigentlich - um seine Mutter gekümmert hatte. Aber: die Mutter hatte dem jungen Treber zugelächelt und *nicht* ihrem eigenen Sohn!

Doch zurück in die Realität des Heute, in der ich die Erinnerung bemühe, wieder aufzusteigen aus der Vergangenheit. Ich möchte mit einer Reverenz an die dem Elternhaus treu gebliebenen und in ihm alt gewordenen „Kinder Beutner" - Davida, Inge, meine Mutter Elfriede Wrede und Eberhard *(v.l.n.r.)* - schließen mit einem idyllischen Gartenfoto aus sommerlichen Tagen *(ich glaube: vor 1974)* und mit einem Fontane zugedachten Wort:

„Einmal wird alles Erinnerung sein".

Diese Zeitzeugen von damals, die noch bis in die 80-er Jahre des 20. Jahrhunderts unter uns waren, haben - unmerklich, aber unwiderruflich - ihr Staffelholz weitergereicht an die nächste Generation:

Nun bin auch ich „einer von ihnen"...

----

kew/ Korrigierte und aktualisierte Fassung

vom 3. August 2018